CURSO
DE ESPAÑOL
PARA
EXTRANJEROS

ELE ACTUAL

A1

Cuaderno
de ejercicios

Virgilio Borobio

sm

fundación sm

La Fundación SM destina los beneficios
de las empresas SM a programas
culturales y educativos, con especial
atención a los colectivos
más desfavorecidos.

Si quieres saber más sobre los programas
de la Fundación SM, entra en
www.fundacion-sm.org

Autor
Virgilio Borobio

Edición
Jorge Sánchez Arribas
Alejandro García-Caro García
Marta Oliveira Ramírez

Corrección
Departamento de corrección de SM

Ilustración
Ángel Sánchez Trigo; Manuel Uhia; Sonsoles Prada; Mayte Martínez; David Pintor Noguerol; Maximiliano Luchini: Mercè Canals Ferrer; Marcelo Pérez de Muti; Pablo Hernández Sáenz; Antonia Santolaya Ruiz-Clavijo; Pilar Giménez Avilés; Alejandro de Orbe Ferreiro; Archivo SM.

Fotografía
Javier Calbet, Fidel Puerta / Archivo SM; Ignacio Ruiz-Miguel; Lourdes Sogas; Olivier Boé; Massonori / INDEX; Rodrigo Torres / GLOWIMAGES; EFE; ORONOZ; PRISMA; FANCY; PHOVOIR; INGIMAGE; GETTY IMAGES; AGE FOTOSTOCK; PHOVOIR.

Grabación
Rec Division

Edición gráfica
Fidel Puerta Flores

Diseño de cubierta e interiores
Estudio SM

Maquetación
Pasión Gráfica, S. L.

Coordinación técnica y de diseño
Mario Dequel

Coordinación editorial
Cristina Campo García

Dirección del proyecto
Pilar García García

Datos de comercialización
Para el extranjero:
Grupo Editorial SM Internacional
Impresores, 2. Urb. Prado del Espino
28660 Boadilla del Monte – Madrid (España)
Teléfono: (34) 91 422 88 00
Fax: (34) 91 422 61 09
internacional@grupo-sm.com

Para España:
Cesma, S. A.
Joaquín Turina, 39
28044 Madrid
Teléfono: 902 12 13 23
Fax: 902 24 12 22
clientes@grupo-sm.com

© Virgilio Borobio Carrera
© SM

ISBN: 978-84-675-4738-2
Depósito legal: M-25391-2012
Impreso en la UE / *Printed in EU*

Índice

Lección preparatoria 1
Saludos y presentaciones
Página **5**

Lección preparatoria 2
Origen y procedencia
Página **8**

Lección 3
Información personal
Página **11**

Lección 4
¿Tú o usted?
Página **15**

Lección 5
Mi familia
Página **19**

Lección 6
Objetos
Página **23**

Lección 7
Mi pueblo, mi ciudad
Página **26**

Lección 8
Mi casa y mi habitación
Página **29**

Lección 9
Gustos
Página **33**

Lección 10
Mi barrio, horarios públicos y el tiempo
Página **36**

Lección 11
Un día normal
Página **40**

Lección 12
El fin de semana
Página **43**

Lección 13
El trabajo
Página **46**

Lección 14
¿Sabes nadar?
Página **49**

Lección opcional
¿Qué hiciste ayer?
Página **52**

Solucionario
Página **55**

Lección 1
preparatoria

1 **Forma un diálogo con las palabras del recuadro.**

> • me • Yo • tú • Me • Luis • Hola • Hola • llamo • llamo • Marta • Y

- .... ¿............... ....?
- ....
- ¡...............!
- ¡...............!

2 **Escribe *buenos días*, *buenas tardes* o *buenas noches*.**

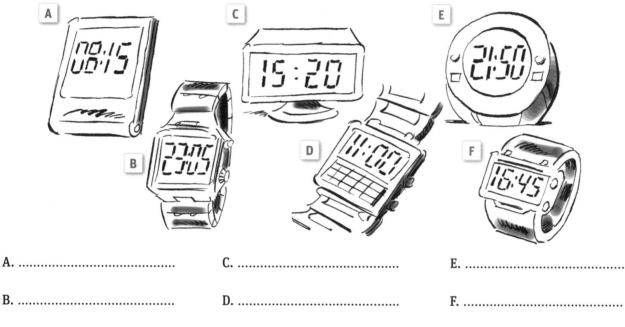

A. ....

B. ....

C. ....

D. ....

E. ....

F. ....

3 **Escribe.**

1 letra que rima con *a*:   ..k...

7 letras que riman con *b*:   ..c.....   ....

7 letras que riman con *f*:   ..l.....   ....

1 letra que rima con *u*:   ....

4 **Escucha y escribe las letras que oigas.**

b – a – r
....
....
....
....

5 **Escribe las frases en las burbujas correspondientes.**

¿Está bien así?   No.   Sí.

¿Cómo se escribe?

No entiendo. ¿Puedes repetir, por favor?

6 **Relaciona los dibujos con las palabras o expresiones.**

pregunta   lee

marca   escucha

escribe   mira

habla con tu compañero

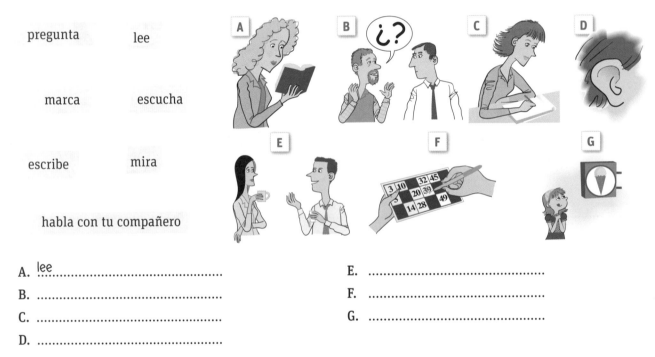

A. lee ....   E. ....
B. ....   F. ....
C. ....   G. ....
D. ....

7 **Completa estas palabras con las vocales *a, e, i, o, u*.**

1. c _ n _
2. t _ l _ f _ n _
3. _ _ r _ p _ _ r t _
4. c h _ c _ l _ t _
5. r _ s t _ _ r _ n t _
6. _ d _ _ s
7. p _ s _ p _ r t _
8. s _ l _ d _
9. t _ m _ t _

8 **Deletrea estas palabras y comprueba.**

2

- hotel
- chocolate
- bien
- tomate
- apellido
- compañero
- aeropuerto
- letra

9 Observa el anuncio y escribe las palabras que entiendas.

Teatro de la Comedia

C/ La Paz, 25 - Tel. 91 421 38 34

La Compañía EL ESCENARIO

presenta:

DESDE EL HOTEL

de Gustavo Lara

Hasta el día 30 de noviembre

Olga Vallejo   Alejandro Borque   Avelina Carrera

Director: Diego Vargas

Palabras:

Lección 2
preparatoria

SOPA DE LETRAS

1 **Busca doce adjetivos de nacionalidad correspondientes a estos países.**

a

| Japón | Inglaterra | Canadá | Suiza | Holanda | Australia |

| Suecia | Francia | Alemania | Italia | México | Argentina |

B	A	R	G	E	N	T	I	N	O	A
J	A	P	O	N	E	S	T	U	R	U
H	X	I	R	U	F	X	A	G	M	S
O	D	F	O	J	R	Y	L	R	E	T
L	A	L	E	M	A	N	I	O	X	R
A	M	O	V	I	N	E	A	P	I	A
N	O	S	U	E	C	A	N	E	C	L
D	I	N	G	L	E	S	A	F	A	I
E	H	Q	Y	H	S	O	C	U	N	A
S	J	O	S	U	I	Z	A	D	A	N
C	A	N	A	D	I	E	N	S	E	A

b **Ahora escribe el masculino y el femenino de esos adjetivos.**

MASCULINO	FEMENINO		MASCULINO	FEMENINO
1. francés	francesa	7.	....
2.	....	8.	....
3.	....	9.	....
4.	....	10.	....
5.	....	11.	....
6.	....	12.	....

2 **Completa el diálogo con las palabras del recuadro.**

| • está   • escribe   • bien   • dice   • Más |

• ¿Cómo se .... *good bye* en español?   • .... despacio, por favor.

○ Adiós.   ○ A - d - i - ó - s.

• ¿Cómo se .... ?   • ¿Está .... así?

○ A - d - i ...   ○ A ver... Sí, ... bien.

3 **Forma tres preguntas con las palabras**
a **del recuadro.**

• dónde	• Cómo	• lenguas	• te	• Qué
• llamas	• eres	• hablas	• De	

1. ¿ .... ?

2. ¿ .... ?

3. ¿ .... ?

b **Escribe ahora tus respuestas a esas preguntas.**

1. ....

2. ....

3. ....

6 **¿Qué países te sugieren estas palabras?**

1. *Champagne* ....Francia............

2. Vodka ....

3. Kárate ....

4. Samba ....

5. *Jazz* ....

6. Tequila ....

7. *Rock and roll* ....

8. Club ....

9. *Reggae* ....

CRUCIGRAMA Los números

4 **Escribe los números con letras.**

7 **Escucha las palabras, haz la pregunta**
correspondiente y comprueba.

1. Buenos días / francés

¿Cómo se dice buenos días en francés?

2. Adiós / italiano

3. Hola / inglés

4. Buenas tardes / japonés

5. Sí / ruso

6. Gracias / sueco

7. Hasta mañana / árabe

8. No sé / portugués

5 **Busca el intruso.**

Portugal	bar	agua	lee
Colombia	dieciséis	leche	escribe
Estados Unidos	cine	vino	escucha
Egipto	hotel	café	italiano
marroquí	restaurante	bocadillo	pregunta

8 Escribe las frases en las burbujas correspondientes.

1. Una cerveza, por favor. 2. Más alto, por favor. 3. ¿Cómo se dice esto en español?

4. Más despacio, por favor. 5. Perdón. 6. No sé.

9 Vuelve a leer las lecciones 1 y 2 del Libro del alumno. ¿Conoces otras palabras relacionadas con España o América Latina?

Lección 3

1 **Busca una profesión en cada anuncio y escríbela.**

a

A. _ _ _ _ _ _ _
        ④

B. _ _ _ _ _ _ _ _ _ _
      ②   ⑩

C. _ _ _ _ _ _ _ _ _ _
          ⑥   ⑨

D. _ _ _ _ _ _ _ _
              ③   ⑤

E. _ _ _ _ _ _ _ _
    ①   ⑧

F. _ _ _ _ _ _ _ _
        ⑦

A | MÉDICOS
Internos para cursos residenciales de verano, Costa Brava. En julio y agosto. Para información llame a la señorita Maite.
☎ 91 345 99 09, 639 84 22 97

C
Necesitamos dependiente para *boutique* bisutería y complementos, situada en la galería del Prado. Imprescindible experiencia venta en ramo de la moda y hablar inglés. Contactar señorita Maribel.
☎ 96 520 61 65, 96 526 05 66

D
Restaurante japonés necesita camarero, responsable, con o sin experiencia.
☎ 91 534 00 21, 625 53 77 57

B | IMPORTANTE EMPRESA NECESITA

secretaria
comercial

Imprescindible dominio del inglés.
Ofrecemos:
- Salario competitivo.
- Jornada intensiva todo el año, de lunes a viernes.
- Zona de trabajo, García Noblejas.

Interesadas, escribir al apartado de correos 15.000, 28080 Madrid. Indicando la referencia 264.

F | Empresa de instalaciones eléctricas necesita

INGENIERO
INDUSTRIAL

Para realizar ofertas, estudios y proyectos de instalaciones eléctricas de B. T. y M. T.
Se valorará experiencia.
Telfs. 91 491 39 63, 617 58 82 05

E | AUTOESCUELA
Precisa profesor para el Campo de Gibraltar, buenas condiciones.
☎ 957 54 42 55
   956 66 00 57
   957 66 15 78

b **Ahora usa las claves y escribe el nombre de otra profesión.**

_ _ _ _ _ _ _ _ _ _
① ② ③ ④ ⑤ ⑥ ⑦ ⑧ ⑨ ⑩

2 **Escribe los números que faltan.**

14	100	96
88	15	50
21	12	33
49	67	13
18		78

catorce	ochenta y ocho
setenta y ocho	....
treinta y tres	....
veintiuno	....
dieciocho	....
noventa y seis	....
cien	....

LA SERPIENTE

3 Marca los números ordinales que hay en la serpiente.

a

b Ahora escríbelos de menor a mayor.

○ primero, ...
○ ....
○ ....
○

4 Ordena estos datos y escríbelos en el sobre.

C/ Alcalá   28001 MADRID   María Ruiz   n.º 65 - 4.º A

5 Escribe estas preguntas correctamente.

1. ¿Cómotellamas? ....
2. ¿Dedóndeeres? ....
3. ¿Quéhaces? ....
4. ¿Dóndevives? ....
5. ¿Quénúmerodeteléfonotienes? ....
6. ¿Cuálestudireccióndecorreoelectrónico? ....

6 **Forma el máximo número de frases posibles con elementos de las tres columnas.**

• Soy	en	Filosofía.
• Trabaja	de	inglés y un poco de francés.
• Hablo	ø	Bolivia.
• Estudia		un restaurante.
• Vive		la calle Churruca.
		periodista.

7 **Completa el diálogo con las palabras del recuadro.**
a

> • en   • yo   • colombiana   • soy   • vivo   • de

- • Tú eres sudamericana, ¿verdad?
- o Sí, soy ....
- • ¿De Bogotá?
- o No, ... Medellín.
- • Yo soy catalán, pero .... en Madrid.
- o ¡Ah! ¿Y qué haces? ¿Estudias o trabajas?
- • Trabajo .... un hospital, ... médico.
- o Pues .... estudio Derecho.

b **Escucha y comprueba.**

🎧 4

8 **Rellena esta ficha con tus datos personales.**

SUSCRÍBETE GRATIS AL BID (*Boletín Informativo Discoplay*)

Primer APELLIDO [   ]   Segundo APELLIDO [   ]
NOMBRE [   ]   EDAD [   ]   TELÉFONO [   ]
CALLE [   ]   NÚM. [   ] PISO [   ] PUERTA [   ] CÓDIGO POSTAL [   ]
POBLACIÓN [   ]   PROVINCIA [   ]

9 **Busca en la lección 3 del Libro del alumno las palabras o expresiones más difíciles y escríbelas.**

○
○
○
○
○
○
○

10

a Lee esta tarjeta y completa las frases.

EL HERALDO CASTELLANO

Periódico independiente

Emilio Gallego

Periodista

egallego@heraldo.es

C/ Canales, 36-4.º Dcha
37009 Salamanca
España

Tel.: 923 27 49 52
Móvil: 664 82 98 31
Fax: 923 27 34 67

Emilio Gallego .... periodista. Trabaja en un .... de Salamanca. Vive en la .... Canales. Tiene teléfono fijo, móvil, fax, y su .... electrónico es ....

b Lee esta otra tarjeta y escribe frases sobre Pedro.

Dr. Pedro Fernández Ríos

Arquitecto

Avda. Apoquindo, 162
Santiago - Chile

Fono: 475 14 26
Fax: 475 20 30
pfernand@entelchile.net

Pedro ....
....
....

Lección 4

1 **a** ¿Tú o usted? Aquí tienes dos diálogos mezclados (1 y 2). Señala qué frases corresponden a cada uno de ellos.

1	Muy bien, gracias. ¿Y usted?
2	¡Hola, Gloria! ¿Qué tal?
	Encantado.
	¡Hola!
	Mucho gusto.

	Muy bien. Mira, este es Julio, un compañero de clase. Y esta, Cristina, una amiga.
	Bien, también. Mire, le presento a la señora Gómez. El señor Pérez.
	Buenos días. ¿Qué tal está, señor Pérez?
	¡Hola!

b **Ahora ordena y escribe los dos diálogos.**

1. Buenos días. ¿Qué tal está, señor Pérez?
....
....
....
....

2. ¡Hola, Gloria! ¿Qué tal?
....
....
....
....

2 **Completa estas frases con *el*, *la* o *ø*.**

1. Buenas tardes, ... señor Coll.

2. ¿ .... señorita Díaz, por favor?

3. ¿Qué tal, ... señor Tejedor?

4. Perdone, ¿es usted .... señor Urrutia?

5. Mire, le presento a .... señora Ugarte.

6. Buenos días. Soy .... señor Villanueva.

7. Hasta mañana, ... señora Castaños.

8. .... señora Valdés es la nueva directora.

3 **¿Qué dices en las siguientes situaciones? Escríbelo.**

BUSCAS A LA SEÑORA TORRES	¿La señora Torres, por favor?
TE DESPIDES DEL SEÑOR MONTES	
SALUDAS AL SEÑOR SÁNCHEZ	
BUSCAS A LA SEÑORITA MONTERO	
PRESENTAS A LA SEÑORA ÁLVAREZ Y AL SEÑOR ORTIZ	
SALUDAS AL SEÑOR BARRERA	
PRESENTAS AL SEÑOR SAGASTA Y A LA SEÑORA HERMOSILLA	
TE DESPIDES DE LA SEÑORITA CALVO	

4 **Lee estas preguntas y escribe *tú* o *usted*.**

a

1. ¿Qué tal estás?   tú
2. ¿Es estudiante?
3. ¿Qué estudias?
4. Es holandés, ¿verdad?

5. ¿Dónde trabaja?
6. ¿Qué lenguas hablas?
7. Vives en Bilbao, ¿no?
8. ¿Eres el compañero de Blanca?

b **Ahora completa las dos columnas con las preguntas que faltan.**

tú
- ¿Qué tal estás?
- ....
- ¿Qué estudias?
- ....
- ....
- ¿Qué lenguas hablas?
- Vives en Bilbao, ¿no?
- ¿Eres el compañero de Blanca?

usted
- ¿Qué tal está?
- ¿Es estudiante?
- ....
- Es holandés, ¿verdad?
- ¿Dónde trabaja?
- ....
- ....
- ....

5 Crucigrama

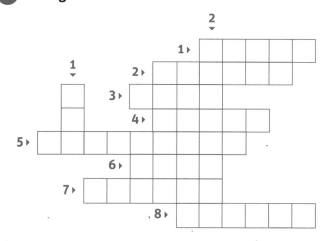

HORIZONTALES

1. ¿El señor Almeida, por ....?

2. Usted es brasileña, ¿...............................?

3. ¿Qué tal ...., señorita Montes?

4. ¿...................... trabajas?

5. Marisol trabaja en un ...., es periodista.

6. ¿Cómo se .... *ciao* en español?

7. ¿Qué número de teléfono ....?

8. Hasta ....

VERTICALES

1. ¿........................... lenguas hablas?

2. Isabelle es ...., de París.

6 Escucha y señala las frases que oigas.

a

1. Es italiano. / ¿Es italiano?

2. Es profesor de Física. / ¿Es profesor de Física?

3. Vive en Argentina. / ¿Vive en Argentina?

4. Estudia Medicina. / ¿Estudia Medicina?

5. Trabaja en un restaurante. / ¿Trabaja en un restaurante?

6. Habla chino y portugués. / ¿Habla chino y portugués?

7. No tiene teléfono móvil. / ¿No tiene teléfono móvil?

8. No es la amiga de Marisa. / ¿No es la amiga de Marisa?

b **Escribe una pregunta o una respuesta para cada una de las frases señaladas.**

1. ....

2. ....

3. ....

4. ....

5. ....

6. ....

7. ....

8. ....

7 Busca en la lección 4 del Libro del alumno las palabras y expresiones más útiles y escríbelas.

Descubre España y América Latina

8
a Lee estas palabras que se usan en español, pero que proceden de otras lenguas. ¿Las conoces? ¿Sabes de qué lenguas proceden?

tenis   *pizza*   espaguetis   *sushi*   yudo   *delicatessen*

grafiti   soprano   chat   internet

b Escribe la palabra que corresponde a cada foto.

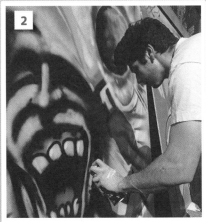

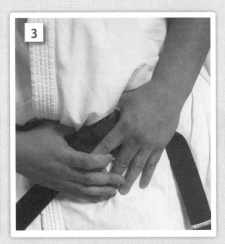

....

....

c Escribe palabras españolas o latinoamericanas que se usen en tu lengua.

○ fiesta, siesta
○
○
○
○
○
○

Lección 5

SOPA DE LETRAS

1 Busca el femenino de estas palabras.

• tío	• marido
• abuelo	• sobrino
• hijo	• nieto
• padre	• hermano
• novio	• esposo

E	S	P	O	S	A	M	A
H	E	R	M	A	N	A	P
I	K	D	U	V	O	D	N
J	E	Ñ	J	T	U	R	I
A	B	U	E	L	A	E	E
D	I	X	R	P	T	B	T
Ñ	S	O	B	R	I	N	A
N	O	V	I	A	A	Y	V

2 ¿Te acuerdas de la familia Chicote? Consulta la actividad 1 del Libro del alumno y completa su árbol de familia con los nombres correspondientes.

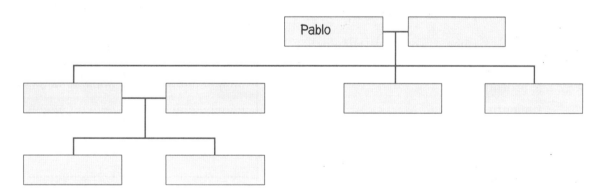

Pablo

3 Ahora dibuja tu propio árbol de familia.

4 Lee esta noticia del periódico y escribe seis frases sobre Rodolfo.

Agencia ELE

Rodolfo Parra, médico chileno de 38 años, casado y padre de cuatro hijos, fue confundido y entrevistado ayer en el aeropuerto de Barajas por varios periodistas que esperaban la llegada del cantante Pancho Vega. Alto, moreno y de extraordinario parecido físico con el mencionado artista, Rodolfo respondió gustoso a todas las preguntas y confesó que ninguna de sus anteriores visitas a Madrid había despertado tanto interés.

1. Rodolfo es médico.
2. ....
3. ....
4. ....
5. ....
6. ....

5 a Completa cada pregunta con una de estas palabras. Pon las mayúsculas necesarias.

dónde · qué · cómo · quién · cuántos

1. ¿A .... te dedicas?
2. ¿............ años tiene tu hijo?
3. ¿.............. vive tu hermana?
4. ¿........... es este?
5. ¿............ se llama tu madre?
6. ¿........... hijos tienes?
7. ¿A .... se dedica tu padre?

b Ahora empareja estas respuestas con las preguntas anteriores.

A. Veinticinco. ....2....
B. En Madrid. ....
C. Es ingeniero. ....
D. Dos, un hijo y una hija. ....
E. Mi hermano mayor. ....
F. Estudio Sociología. ....
G. Lucía. ....

6 a ¿Singular o plural? Escribe cada una de estas palabras en la columna correspondiente.

dependiente · azul · trabajadores

madre · marronés · japonés · delgados · calles · joven · alemanas · restaurantes · bar · hijos · francés · hospital · altas

Singular	Plural
dependiente	trabajadores
....	....
....	....
....	....
....	....
....	....
....	....

b Ahora escribe el singular y el plural de esas palabras.

Singular	Plural
dependiente	dependientes
....	....

7 **Lee estos diálogos y subraya la forma verbal que corresponda.**

1. ● ¿Cuántos años **tiene/tienen** tu sobrina?
   ○ Cinco.

2. ● ¿**Está/Están** casadas tus hermanas?
   ○ La mayor, sí; la pequeña, no.

3. ● Tus padres **es/son** bastante jóvenes, ¿no?
   ○ Bueno, **tiene/tienen** más de cincuenta años ya.

4. ● ¿Dónde **vive/viven** tus abuelos?
   ○ En Valencia.

5. ● Tu hermano **habla/hablan** inglés y árabe, ¿verdad?
   ○ Sí, y sueco también.

6. ● ¿**Tienes/Tenéis** hijos?
   ○ Sí, tenemos una hija de dos años.

7. ● ¿**Trabaja/Trabajan** tus padres?
   ○ No, **está/están** jubilados.

ROMPECABEZAS

8 **La última letra de una palabra es la primera de la siguiente.**

1. Lo contrario de *viejos*.
2. Lo contrario de *antipática*.
3. Lo contrario de *bajos*.
4. Femenino de *serio*.
5. Femenino de *alegre*.
6. Maridos.

9 **Escucha las palabras, haz las preguntas correspondientes y comprueba.**
6

1. (Tú)   ¿A qué te dedicas?
2. Rosa   ¿A qué se dedica Rosa?
3. (Usted)   ....
4. Tus padres   ....
5. (Ustedes)   ....
6. Tu hermano   ....

DICTADO

10 **Primero escucha cada frase y no escribas. Repite mentalmente lo que oigas. Luego, escríbelo.**
7

1. (3 palabras)   ¿Quién es este? ....
2. (4 palabras)   ....
3. (3 palabras)   ....
4. (4 palabras)   ....
5. (6 palabras)   ....
6. (4 palabras)   ....

11 **Busca en la lección 5 del Libro del alumno**
a **palabras difíciles de pronunciar y escríbelas.**

b **Ahora intenta pronunciarlas correctamente.**

12 **¿Crees que las familias españolas tienen muchos hijos? Lee este texto y comprueba. Puedes usar
a el diccionario.

Instituto Nacional de Estadística

Según datos del Instituto Nacional de Estadística del año 2009, cada mujer española tiene una media de 1,33 hijos, lo que constituye una de las tasas de natalidad más bajas del mundo. La mayoría de las mujeres casadas decide ser madre (el 90 %), pero solo tiene uno o dos hijos. Ese es también el número de hijos que tiene una parte de las mujeres solteras o divorciadas.

Los expertos afirman que algunas causas de esta situación son de tipo económico y hay muchas mujeres que no tienen trabajo. Otras sí tienen, pero sus condiciones laborales no son buenas.

b **Piensa en tu país y subraya la opción que consideres adecuada.**

1. En mi país las mujeres tienen **más/menos** hijos.

2. Cada mujer tiene **más/menos** de dos hijos.

3. La mayor parte de las mujeres casadas **tiene/no tiene** hijos.

4. En mi país hay **muchas/pocas** mujeres que trabajan fuera de casa.

5. En general, esas mujeres **tienen/no tienen** unas condiciones de trabajo buenas.

Lección 6

1 Crucigrama.

B O L I G R A F O

2 Escribe los números que faltan.

2345   123
5678
8950   3456
7890
4567   6789

ciento veintitrés
dos mil trescientos cuarenta y cinco
tres mil cuatrocientos cincuenta y seis

3 Piensa en cuatro monedas o billetes de tu país y escribe de qué color son.

1. Los billetes de _____ son _____

2. ....

3. ....

4. ....

4 Ordena las palabras y haz la pregunta correspondiente.

a

1. ¿es la Cuál moneda Colombia de? ....
....

2. ¿desea Qué? ....
....

3. ¿mapas Tienen? ....
....

4. ¿ese ver Puedo verde? ....
....

5. ¿bolso este cuesta Cuánto? ....
....

b Ahora empareja estas respuestas con las preguntas anteriores.

A. Treinta y dos euros. 5.....

B. El peso colombiano. ....

C. Sí. Mire, tenemos todos estos. ....

D. Un bolígrafo azul. ....

E. ¿Este? ....

ÁRBOL DE LETRAS

5 **Forma doce palabras con estas letras. Piensa en:**

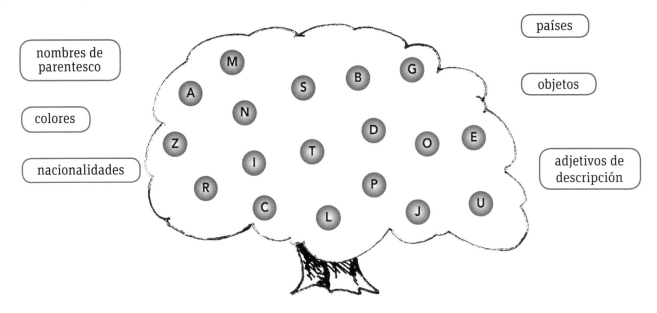

nombres de parentesco

colores

nacionalidades

países

objetos

adjetivos de descripción

1. ....
2. ....
3. ....
4. ....
5. ....
6. ....

7. ....
8. ....
9. ....
10. ....
11. ....
12. ....

6 **Escucha la palabra, pregunta el precio y comprueba.**

8

1. Bolígrafo
   ¿Cuánto cuesta este bolígrafo?

2. Cuaderno

3. Postal

4. Sobres

5. Mapa

6. Gafas

7. Agenda

8. Reloj

7 **Busca en las lecciones 1-6 del Libro del alumno las palabras o expresiones más difíciles y escríbelas. Si no te acuerdas del significado de alguna de ellas, búscalo en el diccionario y escríbelo también.**

8 Lee y ordena este diálogo entre el dependiente y el cliente de una tienda.

.... ¿Puedo ver esa negra?

.... Trece euros con cuarenta céntimos.

.... ¿Esta?

...1... ¿Tiene agendas?

.... Sí. Mire, aquí están. Tenemos todas estas.

.... Vale. Me la llevo.

.... Sí, sí, esa. ¿Cuánto cuesta?

9 Ahora escribe el diálogo entre el dependiente y un cliente que compra un bolígrafo azul de 12 euros.

Cliente: ....

Dependiente: ....

Cliente: ....

Dependiente: ....

Cliente: ....

Dependiente: ....

Cliente: ....

Lección 7

1 **Busca el intruso.**

a

famosa	¿qué?	hermana	ingeniero	sobre
tranquila	¿cuántos?	sobrino	puerto	serio
bonito	abuela	hija	catedral	cuaderno
playa	¿cómo?	tío	parque	periódico
pequeño	¿dónde?	río	museo	agenda

b **Con las iniciales de los cinco intrusos se puede formar el nombre de la capital de un país europeo. ¿Sabes cuál es?**

_ _ _ _ _ _

2 *¿Es* o *está*? **Busca cuatro errores y corrígelos.**

1. Mi sobrina pequeña es muy inteligente. ....

2. Soy de un pueblo que está muy famoso por sus fiestas. ....

3. • ¿Quién está ese señor?
    ○ Un amigo de mi padre. ....

4. Mi pueblo es en la costa mediterránea, cerca de Valencia. ....

5. Salamanca es una ciudad antigua y muy bonita. ....

6. • Esa chica es la hermana de Eva, ¿verdad?
    ○ Sí. ....

7. • ¿A qué se dedica Marta?
    ○ Está enfermera. ....

3 **Completa con *en* o *de*.**

1. Zaragoza está bastante lejos .... Barcelona, a 300 kilómetros.

2. Santander está .... el norte de España, ¿no?

3. Managua es la capital .... Nicaragua.

4. ¿Granada está .... Andalucía?

5. Toledo está al sur .... Madrid, a unos 80 kilómetros.

6. Salamanca está muy cerca .... Portugal, ¿verdad?

7. Tú no eres .... Sevilla, ¿verdad?

8. ¿El Museo del Prado está .... Madrid o .... Barcelona?

9. Es una ciudad muy bonita que está .... la costa y tiene una playa preciosa.

10. ¿Dónde están las islas Canarias? ¿ .... el Mediterráneo o .... el Atlántico?

4 Escribe con números las poblaciones de las seis ciudades españolas más grandes.

1. Madrid tiene tres millones ciento veintiocho mil seiscientos habitantes.

3 128 600

....

2. Barcelona tiene un millón seiscientos cinco mil seiscientos dos habitantes.

....

3. Valencia tiene ochocientos cinco mil trescientos cuatro habitantes.

....

4. Sevilla tiene setecientos cuatro mil cuatrocientos catorce habitantes.

....

5. Zaragoza tiene seiscientos cuarenta y nueve mil ciento ochenta y un habitantes.

....

6. Málaga tiene quinientos sesenta mil seiscientos treinta y un habitantes.

....

Instituto Nacional de Estadística

5 Escribe sobre un pueblo o una ciudad que te guste mucho. Puedes usar el diccionario.

6 Escucha las palabras, di la frase correspondiente y comprueba.

9

1. Ciudad / pequeña

Es una ciudad muy pequeña, ¿verdad?

2. Playa / bonita

3. Museo / moderno

4. Río / famoso

5. Catedral / antigua

6. Parque / tranquilo

7. Lugar / turístico

8. Pueblo / aburrido

7 Piensa en tres palabras o expresiones que dices mucho en tu lengua y no conoces en español. Averigua cómo se dicen y escríbelas.

8 **Lee este texto y completa el recuadro.**

MÉXICO D. F.

México D. F., la capital de la república de México, tiene unos 20 millones de habitantes y es la ciudad más grande de Hispanoamérica. Está en el centro del país, rodeada de montañas y a 2309 metros sobre el nivel del mar. Tiene más de 350 distritos, muchos de ellos con su propia plaza pública y sus correspondientes edificios importantes.

México D. F. se construyó sobre las ruinas de Tenochtitlán, la capital del imperio azteca, fundada en el año 1325. En ella podemos encontrar muchos lugares y monumentos representativos de las diferentes épocas de su historia, como la plaza de la Constitución, también conocida como El Zócalo, que es la más grande y antigua de la ciudad.

CIUDAD	
NÚMERO DE HABITANTES	
SITUACIÓN	
ORIGEN	
ALGÚN LUGAR DE INTERÉS	

SOPA DE LETRAS

1 **Busca los nombres de siete muebles.**

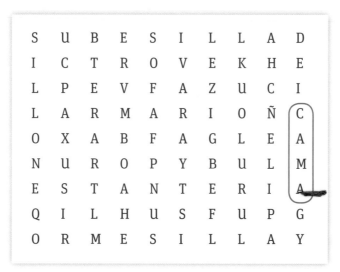

S	U	B	E	S	I	L	L	A	D
I	C	T	R	O	V	E	K	H	E
L	P	E	V	F	A	Z	U	C	I
L	A	R	M	A	R	I	O	Ñ	C
O	X	A	B	F	A	G	L	E	A
N	U	R	O	P	Y	B	U	L	M
E	S	T	A	N	T	E	R	I	A
Q	I	L	H	U	S	F	U	P	G
O	R	M	E	S	I	L	L	A	Y

2 **¿En qué habitación? Escribe estas palabras y las del ejercicio anterior en la columna correspondiente. Algunas pueden ir en varias columnas.**

(lavabo)   (cocina de gas)   (televisión)   (ducha)   (bañera)   (lavadora)   (frigorífico)

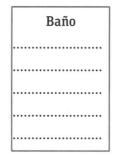

Dormitorio	Cocina	Baño	Salón
cama			

3 **Busca ocho parejas de contrarios. Sobran seis palabras.**

• interior • pequeña • nueva • tranquila • feo • moderna • inteligente • grande
• antigua • ancha • barato • delgado • caro • famosa • bonito • estrecha • gracioso
• trabajador • vieja • exterior • gordo • tímido

1. interior ≠ exterior ....
2. ....
3. ....
4. ....
5. ....
6. ....
7. ....
8. ....

4 **Completa con *es*, *tiene* o *da*. Usa letras mayúsculas cuando sea necesario.**

"Mi piso .... bastante grande. .... cuatro habitaciones, salón, cocina y baño. También .... dos terrazas, pero muy pequeñas. .... bastante antiguo y muy bonito. Además, ... a una plaza muy tranquila y .... mucha luz. Lo malo es que .... un cuarto piso y no .... ascensor."

5 **Piensa en tu casa ideal y escribe sobre ella.**

Mi casa ideal...

6 **Añade las vocales necesarias y escribe las palabras (están todas en el Libro del alumno).**

1. ntr entre ....
2. zqrd ....
3. dtrs ....
4. dbj ....

5. n ....
6. dlnt ....
7. ncm ....
8. drch ....

9. dntr ....
10. lrddr ....
11. sbr ....
12. nfrnt ....

7 **Mira este dibujo de la familia Paredes en el campo y lee las frases. ¿Son verdaderas o falsas?**

a

	V	F
1. La madre está entre el padre y el abuelo.	☐	☐
2. El perro y el niño están a la derecha del árbol.	☐	☐
3. La abuela está detrás del abuelo.	☐	☐
4. El niño está al lado del árbol.	☐	☐
5. El perro está debajo del periódico.	☐	☐
6. La niña está a la derecha del balón.	☐	☐

b Sustituye las tres frases que son falsas por otras tres verdaderas.

....

....

....

8 Busca las cinco diferencias y escríbelas.

1. El niño está al lado del sillón.
....

2. ....

3. ....

4. ....

5. ....

1. El niño está al lado de la mesa.
....

2. ....

3. ....

4. ....

5. ....

9 Escucha las palabras, haz las preguntas correspondientes y comprueba.

10

1. Calefacción ¿Tiene calefacción tu casa?

2. Aire acondicionado

3. Teléfono

4. Ascensor

5. Terraza

6. Garaje

7. Jardín

8. Techos altos

9. Mucha luz

10 Observa el cuadro y subraya la opción apropiada.

a

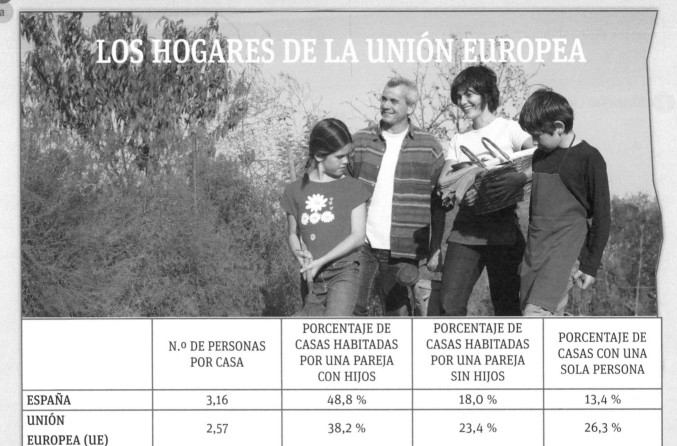

LOS HOGARES DE LA UNIÓN EUROPEA

	N.º DE PERSONAS POR CASA	PORCENTAJE DE CASAS HABITADAS POR UNA PAREJA CON HIJOS	PORCENTAJE DE CASAS HABITADAS POR UNA PAREJA SIN HIJOS	PORCENTAJE DE CASAS CON UNA SOLA PERSONA
ESPAÑA	3,16	48,8 %	18,0 %	13,4 %
UNIÓN EUROPEA (UE)	2,57	38,2 %	23,4 %	26,3 %

El País

1. En una casa española viven **más/menos** personas que en una casa de la Unión Europea (media).

2. En España hay **muchas/pocas** casas habitadas por una pareja que tiene hijos.

3. El porcentaje de parejas españolas sin hijos es más **alto/bajo** que el de la Unión Europea.

4. El porcentaje de españoles que viven solos es **superior/inferior** a la media europea.

b Observa este otro cuadro y responde a las preguntas.

PROPIEDAD DE LA VIVIENDA			
PROPIA		**DE ALQUILER**	
Media UE	64,2 %	Media UE	35,8 %
España (máximo UE)	85,9 %	Alemania (máximo UE)	54,4 %
Alemania (mínimo UE)	45,6 %	España (mínimo UE)	14,1 %

1. ¿En qué país de la UE hay un porcentaje más alto de personas que viven en su propia casa?

....

2. ¿Y en una casa de alquiler? ....

3. ¿Te sorprende el porcentaje de España? ¿Crees que en tu país es muy distinto? ....

....

Lección 9

1 **Busca diez palabras relacionadas con el tiempo libre.**

S	R	O	L	E	E	R	P	Y
M	A	Q	E	S	G	C	A	L
E	F	L	B	Ñ	U	O	M	V
A	V	U	I	C	A	R	U	I
T	E	A	T	R	O	R	S	A
E	K	E	I	B	N	E	I	J
N	U	X	G	C	O	R	C	A
I	T	O	B	A	I	L	A	R
S	H	Ñ	E	P	C	I	N	E

2 **¿*Gusta* o *gustan*?**

1. ¿Te .... tu trabajo?
2. ¿Te .... salir los domingos por la tarde?
3. ¿Te .... las novelas policíacas?
4. ¿Te .... esta ciudad?
5. ¿Te .... jugar al tenis?
6. ¿Te .... las películas de ciencia ficción?
7. ¿Te .... los coches?
8. ¿Te .... bailar salsa?
9. ¿Te .... las clases de español?
10. ¿Qué tipo de música te ....?
11. ¿Te .... trabajar con música?

3 **Usa la información de las fichas y completa los diálogos.**

> **Nombre:** Óscar
> **Le gusta:** El *rock*, ver la televisión, el cine, el tenis.
> **No le gusta:** Leer, el teatro, viajar.

> **Nombre:** Rosa
> **Le gusta:** Leer, el cine, el teatro.
> **No le gusta:** El *rock*, el tenis, ver la televisión.

> **Nombre:** Marta
> **Le gusta:** Leer, el cine, el *rock*, chatear.
> **No le gusta:** Ver la televisión, el teatro, el tenis.

Marta: ¿Te gusta ver la televisión?
Óscar: Sí, ¿y a ti?
Marta: A mí no.

Rosa: ¿Te gusta el cine?
Marta: ....
Rosa: ....

Rosa: ¿Te gusta leer?
Óscar: ....
Rosa: ....

Marta: ¿Te gusta el tenis?
Rosa: ....
Marta: ....

Óscar: ¿Te gusta el *rock*?
Rosa: ....
Óscar: ....

Óscar: ¿Te gusta el teatro?
Marta: ....
Óscar: ....

4 **Ordena estas palabras para formar las afirmaciones o las preguntas correspondientes.**

1. ¿al / jugar / gusta / tenis / Te?
¿Te gusta jugar al tenis?

2. nada / nos / esquiar / No / gusta.
No

3. ¿la / pop / Os / música / gusta?
¿Os música gusta la pop?

4. nos / A / los / encantan / gatos / nosotros.

5. me / no / el / A / *rock* / mí / nada / gusta.

6. padres / bailar / mis / encanta / les / A

7. ¿clásica / gusta / Le / música / la?

8. gusta / mi / televisión / le / abuelo / mucho / A / la

5 **Piensa en familiares o conocidos que tienen gustos diferentes a los tuyos y escribe sobre esos gustos.**

A mi primo Peter le gusta mucho la televisión, pero a mí no me gusta nada.

6 **Lee este anuncio.**

a

> **Chica de 18 años desea mantener correspondencia con chicos y chicas de su edad.**
>
> Me gustan los deportes, la música y el cine.
>
> Escribir a: Montse Bravo, mbravo@telenet.com

b **Ahora escríbele un correo a Montse. Háblale de ti y de:**

- donde vives
- tu familia
- lo que haces
- lo que te gusta hacer

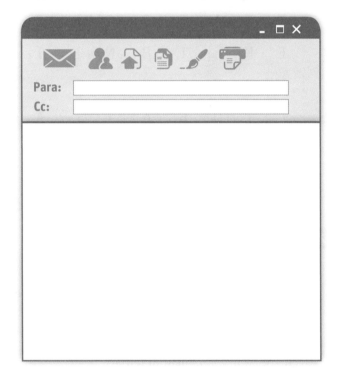

Para:
Cc:

7 **Escucha las palabras, di las frases y comprueba.**

11 **1.** A Pepe / gustar mucho / las películas francesas.
A Pepe le gustan mucho las películas francesas.

2. A nosotros / no gustar nada / los ordenadores.

3. A Irene / encantar / las discotecas.

4. A Susana y a Enrique / no gustar / el flamenco.

5. A Pilar / no gustar nada / las novelas policíacas.

6. A Pedro y a Juliana / encantar / ir a su pueblo.

8 Observa estos grabados de Francisco de Goya (1746-1828) y expresa tus gustos.

a

1. Me gusta mucho. Es muy original.
....
2. ....
3. ....
4. ....
5. ....

b ¿Qué otros pintores españoles o latinoamericanos te gustan? Escríbelo.

○
○ Me encanta...
○ No conozco otros cuadros de pintores españoles o latinoamericanos.
○
○
○
○

Lección 10

1 Busca catorce palabras que se pueden usar para hablar de un barrio y escríbelas en la columna correspondiente.

MASCULINO		FEMENINO	
....	....	...........biblioteca...........	....
....	....	....	....
....	....	....	....
....	....	....	....

2 Escribe en cada caso el nombre de un barrio que tenga esa característica.

a

1. Un barrio muy alegre, que tiene mucha vida. ....

2. Un barrio antiguo que te gusta mucho. ....

3. Un barrio céntrico que no te gusta mucho. ....

4. Un barrio muy tranquilo. ....

5. Un barrio mal comunicado. ....

6. Un barrio que tiene muchos cines. ....

7. Un barrio que tiene tiendas que te encantan. ....

8. Un barrio que tiene un parque que te gusta mucho. ....

9. Un barrio que tiene pocas zonas verdes. ....

b Elige uno de esos barrios y escribe frases sobre él.

El barrio de...

3 Completa con las formas apropiadas de los verbos *ser*, *estar*, *tener*, *gustar* y *encantar*.

Mi barrio es un barrio bastante moderno que me .... mucho. No es céntrico, ... lejos del centro, pero .... bien comunicado: .... muchas paradas de autobús y varias estaciones de metro. .... bastante grande y .... algunos edificios modernos muy originales que me ....
Lo que más me gusta es que .... bastantes zonas verdes y .... bastante tranquilo. Lo que menos, que no .... mucha oferta cultural ni tiendas de las que me gustan a mí. Mi sitio preferido .... un parque que .... cerca de mi casa y me encanta, por eso voy mucho allí con mis amigos.

4 Escribe un texto sobre tu barrio ideal. Puedes seguir la estructura del texto de la actividad 3.

Mi barrio ideal es un barrio...

LA HORA

5 Relaciona los diálogos con los dibujos.

a

1
• Perdona, ¿tienes hora?
○ Sí, son las cuatro y diez.
• Gracias.

2
• Perdone, ¿tiene hora?
○ No, no llevo reloj. Lo siento.

3
• ¿Qué hora es?
○ Las doce y media.
• ¡Qué tarde!

b Ahora escucha y comprueba.

12

6 ¿Puedes formar seis horas con los números 1, 5 y 3? Escríbelas.

| 1.53 | Las dos menos siete minutos. .... |

| | .... |

| | .... |

| | .... |

| | .... |

7 ¿VERDADERO O FALSO? Señálalo.

a

	V	F
1. Una semana tiene siete días.	☐	☐
2. Hoy es martes.	☐	☐
3. Mañana es jueves.	☐	☐
4. Una hora tiene sesenta segundos.	☐	☐
5. Un día tiene mil cuatrocientos cuarenta minutos.	☐	☐
6. El miércoles es un día del fin de semana.	☐	☐

b Sustituye las frases que son falsas por otras verdaderas.

○
○
○
○
○
○
○

MESES

8 Ordena las letras de los meses del año.

a

OBREREF	ECORBUT	OATSOG
REVOBEMIN	IRLAB	OLUJI
RNEOE	BIMECRIDE	INUOJ
YMOA	TERIBESPEM	AMROZ

b Ahora escríbelos en orden.

1. enero ....
2. ....
3. ....
4. ....
5. ....
6. ....
7. ....
8. ....
9. ....
10. ....
11. ....
12. ....

9 Piensa en cuatro fechas importantes y escribe frases diciendo por qué son importantes.

1. 1.º de Mayo - El Primero de Mayo es el Día de los Trabajadores. ....

2. ....
....

3. ....
....

4. ....
....

EL TIEMPO

10 Ordena y puntúa estas preguntas y respuestas.

1. hace / qué / aquí / en / tiempo / verano
....

2. calor / mucho / hace
....

3. invierno / en / y / tiempo / hace / mal
....

4. pero / frío / mucho / llueve / no / mucho / hace
....

5. mucho / nieva
....

6. muy / no / poco / nieva
....

11 Busca en la lección 10 del Libro del alumno las palabras y expresiones más difíciles y escribe una frase con cada una de ellas.

○
○
○
○
○
○
○

12 Lee el anuncio y el horario de este restaurante, y completa las frases.

Abierto de lunes a domingo

13.00-16.00 h

21.00-24.00 h

La Cabaña es un .... de cocina argentina.

Está abierto todos los .... de la semana.

Por la noche abre a las nueve y .... a las doce.

Está muy .... del Congreso de los Diputados.

Si vas a ese restaurante, tienes dos horas de .... gratis.

Lección 11

1 **Añade las vocales necesarias y escribe los infinitivos de doce verbos.**

1. cmr ....

2. vlvr ....

3. mpzr ....

4. r ....

5. lvntrs ....

6. dsynr ....

7. cnr ....

8. cstrs ....

9. trmnr ....

10. trbjr ....

11. slr ....

12. dchrs ....

2 **Piensa en el presente de los verbos de la actividad anterior y completa las dos columnas.**

Regulares	
comer	....
....	....
....	....
....	....

Irregulares	
volver	....
....	....
....	....
....	....

3 **A todas estas frases les falta una palabra. Escríbelas correctamente.**

1. ¿A qué hora levantas?

....

2. ¿Desayunas casa?

....

3. ¿Trabajas cerca casa?

....

4. ¿A qué hora empiezas trabajar?

....

5. ¿Trabajas la tarde?

....

6. ¿Acuestas muy tarde?

....

7. ¿A qué hora terminas trabajar?

....

8. ¿A qué hora duchas?

....

4 **Completa este texto.**

Elisa es enfermera, ... en un hospital. .... levanta a las siete menos cuarto y empieza .... trabajar a las ocho. Todos los días .... a la una y media en el restaurante del hospital con algunos compañeros de trabajo. .... de trabajar a las cinco en punto y después .... a clase de inglés. Luego, ... a casa y .... con su familia. Normalmente se .... bastante pronto, sobre las once.

5 **Lee las respuestas de Elisa y completa la entrevista.**

Tú: ¿A qué te dedicas?
....
Elisa: Trabajo en un hospital, soy enfermera.

Tú: ....
Elisa: A las siete menos cuarto de la mañana.

Tú: ....
Elisa: A las ocho de la mañana.

Tú: ....
Elisa: En el restaurante del hospital.

Tú: ....
Elisa: A las cinco de la tarde.

Tú: ....
Elisa: Voy a clase de inglés.

Tú: ....
Elisa: En casa.

Tú: ....
Elisa: No, sobre las once de la noche.

6 **Escucha las palabras, haz la pregunta correspondiente y comprueba.**

🎧 13

1. Hora / empezar a trabajar
¿A qué hora empiezas a trabajar?

2. Hora / levantarse

3. Hora / cenar

4. Hora / terminar de trabajar

5. Hora / acostarse

6. Hora / comer

7. Hora / ducharse

8. Hora / volver a casa

DICTADO

7 **Primero escucha cada frase y no escribas. Repite mentalmente lo que oigas. Luego, escríbelo.**

🎧 14

1. (3 palabras) ¿Comes en casa?
....

2. (7 palabras) ....
....

3. (4 palabras) ....

4. (6 palabras) ....
....

5. (4 palabras) ....

6. (5 palabras) ....

8 **Busca en la lección 11 del Libro del alumno las palabras y expresiones más difíciles y escríbelas.**

9 **Lee el artículo y responde a las preguntas.**

a

EMPIEZA EL DÍA EN MADRID

Madrid es una ciudad que tiene mucha vida nocturna. Hay madrileños que se acuestan muy tarde, sobre todo los fines de semana, pero la mayoría se levanta pronto. El 31,7 % de los trabajadores sale de sus casas entre las seis y las ocho. De ocho a nueve lo hace el 40 %, y de nueve a diez, un 28,2 %.

El silencio de la ciudad empieza a desaparecer, con el tráfico, entre las cinco y las seis de la mañana. A las ocho ya hay muchos coches en la calle y el ruido es muy fuerte. Durante una hora, hasta las nueve, se produce el mayor movimiento de población.

Los madrileños emplean una media de treinta minutos para ir al trabajo. Y los más privilegiados son los que trabajan dentro de la ciudad (un 72 %).

El País

1. ¿A qué hora de la mañana hay más gente en la calle?

....

2. ¿Cuánto tiempo tardan normalmente los madrileños en llegar al trabajo?

....

3. ¿Qué porcentaje de madrileños trabaja fuera de su ciudad?

....

b **Piensa en tu pueblo o tu ciudad y escribe sobre:**

● La hora a la que sale más gente de casa por la mañana.
● El tiempo que emplea para ir al trabajo.

Lección 12

1 **Forma doce expresiones con una palabra de cada columna y escríbelas.**

- hacer
- escuchar
- jugar
- ver
- comer
- ir

la
al
de
ø

campo
tenis
compras
televisión
copas
gimnasia
fútbol
compra
deporte
cine
radio
fuera

1. hacer la compra ....
2. ....
3. ....
4. ....
5. ....
6. ....
7. ....
8. ....
9. ....
10. ....
11. ....
12. ....

2 **Clasifica estas palabras y expresiones en la columna correspondiente.**

- normalmente
- desayunar
- a menudo
- a veces
- pasear
- esquiar
- viernes
- ver exposiciones
- ir a conciertos
- siempre
- miércoles
- lunes
- cenar
- domingo
- nunca
- acostarse
- ir al teatro
- jueves
- levantarse
- comer

Actividades de tiempo libre	Días de la semana	Cosas que hacemos todos los días	Adverbios de frecuencia
pasear			

3
a **Completa el texto con estas palabras. Puedes usar el diccionario.**

- música
- salimos
- película
- exposición
- tomamos
- restaurante

b **Ahora busca en el texto las palabras o expresiones que significan:**

- beber: ....
- pasear: ....
- aperitivo: ....

"Pues el domingo es un día muy tranquilo. Normalmente nos levantamos bastante tarde. Después salimos a comprar el periódico y nos damos una vuelta o vamos a ver alguna .... Siempre .... el vermú fuera y luego comemos en algún .... o con nuestras familias. Por la tarde siempre nos quedamos en casa y escuchamos .... o vemos algún DVD o alguna .... en la televisión. A veces vienen algunos amigos nuestros a pasar la tarde con nosotros, pero no .... nunca, no nos gusta nada el ambiente de los domingos por la tarde."

Pili y Manolo, maestra y abogado; 26 y 30 años.

4 **Escribe siete cosas que hacen Pili y Manolo los domingos.**

1. Se levantan bastante tarde. ....
2. ....
3. ....
4. ....

5. ....
6. ....
7. ....

5 **A todas estas frases les falta una preposición: *a*, *en*, *de* o *por*. Escríbelas correctamente.**

1. Tú vas muchos conciertos, ¿verdad?
Tú vas a muchos conciertos, ¿verdad? ....

2. ¿Qué haces los sábados la tarde?
....

3. ¿A qué hora vuelves casa normalmente?
....

4. Tú te quedas Madrid muchos fines de semana, ¿no?
....

5. Mi hermana pequeña va mucho bailar.
....

6. Normalmente salgo casa bastante pronto.
....

7. ¡Mi marido se levanta a las seis la mañana todos los días!
....

6 **Usa estas pautas y añade las palabras necesarias para escribir frases.**

1. ¿Acostarse (vosotros) / muy tarde / domingos?
¿Os acostáis muy tarde los domingos? ....

2. Sábados / levantarse (nosotros) / bastante tarde.
....

3. ¿Ver (vosotros) / mucho / televisión?
....

4. ¿Gustar (a vosotros) / montar / bicicleta?
....

5. ¿Cuándo / hacer (vosotros) / compra?
....

6. Mis padres / levantarse / bastante pronto.
....

7. ¿Trabajar (ustedes) / fines / semana?
....

8. Ana y Pepe / hacer / mucho deporte / fines / semana.
....

9. ¿Gustar (a ustedes) / esquiar?
....

10. ¿Salir (vosotros) / mucho?
....

7 **Escucha las palabras, di la frase correspondiente y comprueba.**

🎧 15

1. Todos los sábados / cenar fuera
Todos los sábados cenamos fuera.

2. A veces / ir al teatro

3. Todos los domingos / comer en casa

4. Nunca / ir al cine

5. Jugar al fútbol / a menudo

6. Todos los fines de semana / hacer deporte

7. Nunca / jugar al tenis

8. Siempre / acostarse tarde

8 **Escribe el presente de los verbos que te parezcan más difíciles.**

○
○
○
○
○
○
○
○

9 Observa los resultados de una encuesta realizada en España sobre el fin de semana y los días de fiesta.

a

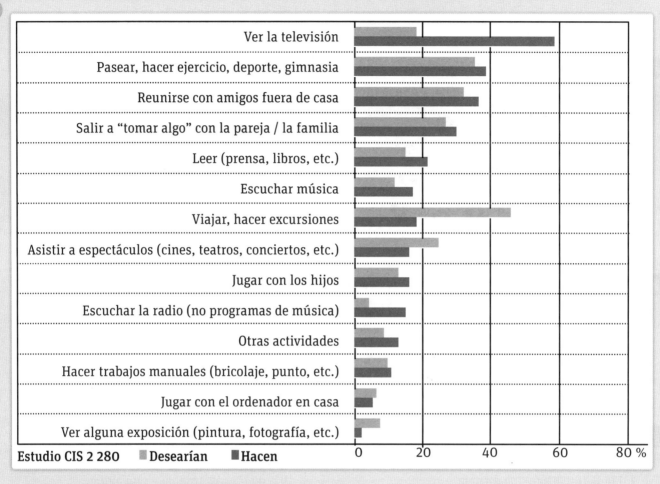

Ver la televisión
Pasear, hacer ejercicio, deporte, gimnasia
Reunirse con amigos fuera de casa
Salir a "tomar algo" con la pareja / la familia
Leer (prensa, libros, etc.)
Escuchar música
Viajar, hacer excursiones
Asistir a espectáculos (cines, teatros, conciertos, etc.)
Jugar con los hijos
Escuchar la radio (no programas de música)
Otras actividades
Hacer trabajos manuales (bricolaje, punto, etc.)
Jugar con el ordenador en casa
Ver alguna exposición (pintura, fotografía, etc.)

Estudio CIS 2 280 ■ Desearían ■ Hacen   0   20   40   60   80 %

b Completa el recuadro.

ACTIVIDAD MÁS PRACTICADA LOS FINES DE SEMANA	
ACTIVIDAD MÁS DESEADA PARA LOS FINES DE SEMANA	

c Ahora responde a estas preguntas.

1. ¿Cuál crees que es la actividad más practicada en tu país? ....

2. Y tú, ¿cuál practicas más? ....

3. ¿Y cuál desearías practicar más? ....

10 Piensa en las cosas que haces los fines de semana y que no aparecen en la lección 12 del Libro del alumno. Escríbelas.

Lección 13

ÁRBOL DE LETRAS

1 Forma los nombres de seis profesiones y cinco medios de transporte con las letras que hay en el árbol.

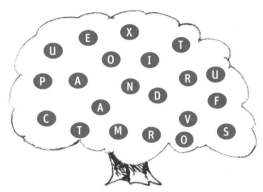

Profesiones	Medios de transporte
1. camarero	1. tren
2.	2. ....
3.	3. ....
4.	4. ....
5.	5. ....
6.	

2 Piensa en lugares de trabajo relacionados con las profesiones que has escrito. Luego, escribe frases como en el modelo. Puedes usar el diccionario.

1. Un camarero trabaja en un bar o en un restaurante.

2. ....

3. ....

4. ....

5. ....

6. ....

CUESTIÓN DE LÓGICA

3 Lee las claves y completa el cuadro.

1. La peluquera va a trabajar en metro.

2. Elena trabaja en una escuela.

3. La azafata no va a trabajar en autobús.

4. Begoña trabaja en una peluquería.

5. Lola no es maestra.

6. Una de las tres trabaja en un avión.

7. Elena no va al trabajo en coche.

NOMBRE	PROFESIÓN	LUGAR DE TRABAJO	MEDIO DE TRANSPORTE
....	....	....	....
....	....	....	....
....	....	....	....

4 ¿Con qué frecuencia hace Mario las siguientes actividades? Escríbelo.

1. Ir a clase de inglés (martes y jueves).
Va a clase de inglés dos días a la semana.
....

2. Visitar a su familia (los sábados).
....

3. Hacer gimnasia (a las 8 y a las 23 h).
....

4. Hacer los deberes (lunes, martes, miércoles, jueves y viernes).
....

5. Cambiar de trabajo (2003, 2007, 2011...).
....

6. Ir al cine (miércoles y sábado).
....

7. Coger vacaciones (julio).
....

8. Hacer la compra (los viernes).
....

5 Lee estos textos y adivina la profesión de cada una de las tres chicas.

• cantante	• dependienta	• escritora	• profesora de universidad
• médica	• ama de casa	• maestra	• taxista • empresaria

1 Juana empieza a trabajar a las 9 h y termina a las 17 h. Los fines de semana no trabaja. Siempre come en su trabajo y en verano tiene más de dos meses de vacaciones. Tiene un trabajo muy interesante y muy útil para la sociedad. Le gustan mucho los niños.

1. ....

2 Ángela trabaja de 9.30 a 14 h y de 16.30 a 20 h. Solo tiene un día libre a la semana, el domingo. Tiene un mes de vacaciones al año. Es muy moderna y muy simpática. Le gusta mucho hablar con la gente.

2. ....

3 Nuria trabaja en casa. No tiene un horario fijo y muchos días trabaja por la noche. En algunas épocas trabaja mucho, y en otras, nada. Lo que más le gusta de su trabajo es que no tiene jefe. ¡Ah! Su trabajo es muy intelectual.

3. ....

DICTADO

6 Primero escucha cada frase y no escribas. Repite mentalmente lo que oigas. Luego, escríbelo.

16

1. (5 palabras)

....

2. (5 palabras)

....

3. (10 palabras)

....

4. (5 palabras)

....

5. (4 palabras)

....

6. (2 palabras)

....

7 Piensa en dos profesiones que te gustan mucho y en dos que no te gustan nada, y escribe por qué. Puedes usar el diccionario.

Me gusta mucho la profesión de médico porque los buenos médicos ayudan mucho a muchas personas.

8 Lee esta lista de cosas importantes en un trabajo.

a

¿QUÉ ES IMPORTANTE PARA USTED EN UN TRABAJO?

☐ Tener un buen horario de trabajo.

☐ Ganar mucho dinero.

☐ Tener buenas relaciones con los compañeros y con los jefes.

☐ Tener muchas vacaciones.

☐ Tener un trabajo que le guste mucho.

☐ Tener un trabajo para toda la vida.

☐ Tener un trabajo cómodo, agradable y trabajar poco.

b Escríbelas según la importancia que les des.

1. ....

2. ....

3. ....

4. ....

5. ....

6. ....

7. ....

c ¿Te gustaría trabajar alguna vez en España o en América Latina? ¿Dónde? ¿Qué trabajo te gustaría tener allí?

Lección 14

1

a Añade las vocales necesarias para formar verbos y nombres de la lección 14 del Libro del alumno.

1. c_nt_r
2. _sq_ _ _r
3. n_d_r
4. b_l_nc_st_
5. c_rt_s

6. c_nd_c_r
7. g_ _t_rr_
8. c_c_n_r
9. p_ _n_
10. p_nt_r

b ¿Cuáles de esas actividades sabes hacer? Escríbelo.

○ Sé (cantar, jugar al baloncesto...)
○
○
○
○
○
○

2 Relaciona las preguntas con las respuestas.

1. Tu novia sabe pintar, ¿verdad?
2. Tú sabes tocar la guitarra, ¿no?
3. ¿Sabéis esquiar?
4. ¿Usted no sabe nadar?
5. ¿No sabes cocinar?
6. ¿Saben ustedes conducir?
7. ¿Sabes cantar?
8. ¿Saben ustedes bailar salsa?

A. No, y no tenemos coche.
B. Claro, y nos encanta la nieve.
C. Sí, y tengo un grupo de *rock*.
D. No, y tengo una voz muy mala.
E. Sí, y tiene cuadros muy buenos.
F. Sí, nos encanta la música latina.
G. Pues no, no me gusta el agua.
H. No, pero me gusta mucho comer.

3 ¿*Saber* o *conocer*? Completa con la forma apropiada de esos verbos.

1. Me gusta mucho viajar y .... bastantes países europeos.

2. ● ¿Pero usted .... hablar japonés?
   ○ Solo un poco.

3. ● ¿No .... (tú) a mi hermano?
   ○ No.
   ● ¡Ah! Pues mañana te lo presento.

4. ● Oye, ¿tú .... un buen hotel en Sevilla?
   ○ ¡Ay, sí! .... uno muy bueno que seguro que te gusta.

5. ● ¿ .... (tú) cómo se dice "adiós" en chino?
   ○ Ni idea, pero .... cómo se dice en árabe.

6. ● ¿ .... usted mi pueblo?
   ○ Sí, y es muy bonito.

7. ● Oye, ¿tú .... jugar al bingo?
   ○ Pues claro, es muy fácil.

8. ● ¿A quién .... (vosotras) en Málaga?
   ○ A unos amigos de Elisa.

4 **Añade las consonantes necesarias para formar adjetivos de la lección 14 del Libro del alumno.**

1. _ i _ e _ _ i _ o ....

2. _ e _ e _ a _ i o ....

3. i _ _ o _ _ a _ _ e ....

4. _ á _ i _ ....

5. i _ _ e _ e _ a _ _ e ....

6. _ u e _ o ....

7. _ a _ o ....

8. ú _ i _ ....

9. a _ u _ _ i _ o ....

10. _ i _ í _ i _ ....

5 **Corrige los errores de algunas de estas frases.**

a

1. ● Yo dibujo regular, bien ni mal. ....
   ○ Yo, muy mal.

2. ● Yo creo hacer gimnasia es muy aburrido. ....
   ○ Yo no.

3. ● Tener buenos amigos es muy importante. ....
   ○ Sí, muy importante.

4. Conocer a otras culturas es interesante. ....

5. ● Yo juego bastante bueno al fútbol. ....

   ○ Pues yo soy muy malo.

6. ● Aprender de tocar el piano es muy difícil. ....
   ○ Yo también creo que es muy difícil.

7. Hablar idiomas es muy útil a encontrar trabajo. ....

8. ● A mí no me gusta cocinar y, claro, cocino bastante ....
   mal. ¿Y tú?
   ○ Muy bien; así, así.

b **¿Con cuáles de ellas te identificas?**

6 **Busca palabras y expresiones difíciles en las lecciones 13 y 14 del Libro del alumno y escribe una frase con cada una de ellas.**

TRIANA

7

a 🎧 17

Escucha los sonidos del comienzo de esta canción. ¿Qué te sugieren? Piensa en:

- un lugar
- una hora
- el tiempo que hace
- una estación del año
- un mes

b **Escríbelo.**

....

c 🎧 18 **Ahora escucha y lee toda la canción.**

> Todo es de color.
> Todo es de color.
> Todo es de color.
> Todo es de color.
> ¡Qué bonita es la primavera!
> ¡Qué bonita es la primavera cuando llega!
> El clavel que tienes en tu ventana
> me hace recordar al barrio de Triana.
>
> TRIANA: "Todo es de color", *El Patio*.

d **Señala la respuesta que creas adecuada.**

1. Un clavel es **un animal / una flor**.
2. El barrio de Triana está en **Barcelona / Sevilla**.

e **Escribe las respuestas a estas preguntas.**

1. ¿Te gusta esa canción?

....

2. ¿Sabes cómo se llama ese tipo de música?

....

3. ¿Conoces otras canciones de ese tipo de música?

....

4. ¿Conoces a alguien que cante o baile ese estilo musical?

....

Lección opcional

1 **Relaciona los dibujos con alguna de estas actividades de tiempo libre.**

a

1. quedar (con alguien) **4.** ir a tomar algo **7.** ver un DVD

2. nadar **5.** dar una vuelta **8.** ir al gimnasio

3. enviar un correo electrónico **6.** quedarse en casa

A B C D

b **¿Cuáles de las expresiones anteriores asocias con la idea de salir? ¿Y con la idea de estar en casa? Escríbelo.**

Salir: Ir a tomar algo .... Estar en casa: ....

....

2 **Lee las formas verbales que hay en presente y en pretérito indefinido y anota cada una de ellas en la columna correspondiente.**

a

se levantó fuiste

vimos termináis

se acuestan

telefoneó estoy

PRESENTE	PRETÉRITO INDEFINIDO
....	....
....	....
....	....
....	....
....	....
....	....

vamos hice

quedaste

vuelvo escribe

viene abrieron

b **Pasa las formas que están en presente a pretérito indefinido en la misma persona gramatical.**

termináis → terminasteis

....

....

....

....

3 Completa este diálogo con las formas apropiadas del pretérito indefinido.

a

- ¿Qué hiciste ayer por la tarde? ¿Saliste?
- Primero hice los deberes y luego (ir, yo) .... a jugar al fútbol. (Volver, yo) .... a casa bastante cansado, cené, (ver, yo) .... un poco la televisión y (acostarse, yo) .... pronto.
- Pues yo (quedar) .... con un amigo a las seis y dimos una vuelta. Luego, (tomar, nosotros) .... una copa y (volver, nosotros) .... a casa bastante tarde.

b ¿Hiciste tú también alguna de esas cosas ayer? Escríbelo.

4 Usa las pautas para escribir preguntas sobre ayer.

a

1. Ir a clase ayer.
   ¿Fuiste a clase ayer?
....

2. Comer fuera.

....

3. Hacer deporte.

....

4. Estar con tus amigos por la tarde.

....

5. Quedarse en casa por la tarde.

....

6. Ver una película.

....

7. Acostarse tarde.

....

b Relaciona las preguntas con estas respuestas.

A. ....6........ Sí, en la televisión.

B. .... No, en casa.

C. .... Sí, y me gustó mucho la clase.

D. .... Sí, estuve jugando al fútbol.

E. .... Sí, a las doce de la noche.

F. .... No, es que ellos no salieron.

G. .... Sí, estuve en casa toda la tarde.

c Ahora escucha y comprueba.

🎧 19

d Di, en voz alta, cada pregunta y su respuesta, y compara tu pronunciación y entonación con las del audio. Repítelas si lo necesitas.

🎧 20

5 Lee estos textos en los que varias personas dicen lo que hicieron ayer.

a

> **1** "Yo ayer me levanté a las 12 h, me tomé un café y luego fui al mercado. Hice la comida y comí a las 16.30. Por la tarde estuve en el curso de fotografía al que voy tres días por semana y luego me fui al trabajo. Estuve allí desde las ocho de la tarde hasta las tres de la mañana y serví muchas bebidas. Como veis, tengo un horario un poco especial, ¿verdad?"

> **2** "Ayer me levanté a las 8 h y empecé a trabajar a las 9.30, como todos los días. Volví a casa a las 14 h, comí, descansé un poquito y regresé al trabajo a las 16.30. Cuando cerramos estaba muy cansado: estamos en época de rebajas, vino mucha gente y vendimos mucho. Después de cenar leí un poco y me acosté pronto."

> **3** "Pues yo estuve en mi trabajo de 8.30 a 14.30 y la verdad es que la mañana se me pasó muy rápidamente. Luego, comí en un restaurante con una compañera y volví a casa sobre las 17 h. Preparé unos textos y un examen para hoy, estuve trabajando un rato con el ordenador y después fui a hacer la compra."

b Ahora relaciónalos con estos dibujos.

 A

 B

 C

c Escribe algunas informaciones que te hayan ayudado a elegir el dibujo adecuado.

Texto 1: Serví muchas bebidas. ....

Texto 2: ....

Texto 3: ....

6 Lee la actividad 1 del Libro del alumno y después cierra el libro.

a

b Anota lo que hicieron Rosa y su amiga, y Gloria y su amigo.

Ayer por la tarde, Rosa y su amiga...

7 Escribe de manera detallada lo que hiciste ayer por la mañana, por la tarde y por la noche. Recuerda que puedes utilizar *primero*, *luego*, *después*...

Solucionario

Lección 1 preparatoria

1
- Me llamo Luis/Marta. ¿Y tú?
- Yo me llamo Marta/Luis.
- ¡Hola!
- ¡Hola!

2
A. 8:15-Buenos días.
B. 23:05-Buenas noches.
C. 15:20-Buenas tardes.
D. 11:00-Buenos días.
E. 21:50-Buenas noches.
F. 16:45-Buenas tardes.

3
- 1 letra que rima con *a*: k.
- 7 letras que riman con *b*: c, ch, d, e, g, p, t.
- 7 letras que riman con *f*: l, ll, m, n, ñ, r, s.
- 1 letra que rima con *u*: q.

4
- b-a-r
- e-s-p-a-ñ-o-l
- h-o-l-a
- n-o
- n-o-m-b-r-e
- m-a-ñ-a-n-a
- a-l-f-a-b-e-t-o
- p-r-o-f-e-s-o-r

5
A. ¿Cómo se escribe?
B. No entiendo. ¿Puedes repetir, por favor?
C. ¿Está bien así?
D. No.
E. Sí.

6
A. Lee.
B. Pregunta.
C. Escribe.
D. Escucha.
E. Habla con tu compañero.
F. Marca.
G. Mira.

7
1. cine
2. teléfono
3. aeropuerto
4. chocolate
5. restaurante
6. adiós
7. pasaporte
8. saludo
9. tomate

Lección 2 preparatoria

1 a

B	A R G E N T I N O	A
J A P O N E S	T U R	U
H X I R U F X A G M	S
O D F O J R Y L R E	T
L A L E M A N I O X	R
A M O V I N E A P I	A
N O S U E C A N E C	L
D I N G L E S A F A	I
E H Q Y H S O C U N	A
S J O S U I Z A D A	N
C A N A D I E N S E	A

b

MASCULINO	FEMENINO
1. francés	francesa
2. holandés	holandesa
3. italiano	italiana
4. mexicano	mexicana
5. australiano	australiana
6. argentino	argentina
7. japonés	japonesa
8. alemán	alemana
9. sueco	sueca
10. inglés	inglesa
11. suizo	suiza
12. canadiense	canadiense

2
- ¿Cómo se dice *good bye* en español?
- Adiós.
- ¿Cómo se escribe?
- A - d - i ...
- Más despacio, por favor.
- A - d - i - ó -s.
- ¿Está bien así?
- A ver... Sí, está bien.

3 a
- ¿Cómo te llamas?
- ¿De dónde eres?
- ¿Qué lenguas hablas?

4

Crossword (Lección 2):
15. QUINCE · 2. DOCE · 17. DIECISIETE · 16. DIECISÉIS · 4. CUATRO · 7. SIETE · 10. DIEZ · 5. CINCO · 14. CATORCE · 8. OCHO · 12. DOCE · 11. ONCE · 1. UNO · 20. VEINTE · 3. TRES · 9. NUEVE · 13. TRECE

5 Intrusos: marroquí, dieciséis, bocadillo, italiano.

6 **POSIBLES SOLUCIONES:**
1. *Champagne* - Francia
2. Vodka - Rusia
3. Kárate - Japón
4. Samba - Brasil
5. *Jazz* - Estados Unidos
6. Tequila - México
7. *Rock and roll* - Estados Unidos
8. Club - Inglaterra
9. *Reggae* - Jamaica

8 **DESCUBRE ESPAÑA Y AMÉRICA LATINA**
1. C
2. D
3. A
4. B
5. F
6. E

Lección 3

1 a
A. médico
B. secretaria
C. dependiente
D. camarero
E. profesor
F. ingeniero

b

p	e	r	i	o	d	i	s	t	a
1	2	3	4	5	6	7	8	9	10

2
quince   trece
cincuenta   cuarenta y nueve
doce   sesenta y siete

3 a séptimo, primero, quinto, noveno, segundo, décimo, octavo, tercero, sexto, cuarto.

b primero, segundo, tercero, cuarto, quinto, sexto, séptimo, octavo, noveno, décimo.

4

María Ruiz
C/ Alcalá, n.° 65 - 4.° A
28001 Madrid

5
1. ¿Cómo te llamas?
2. ¿De dónde eres?
3. ¿Qué haces?
4. ¿Dónde vives?
5. ¿Qué número de teléfono tienes?
6. ¿Cuál es tu dirección de correo electrónico?

6 **POSIBLES FRASES:**
- Soy periodista.
- Soy de Bolivia.
- Trabaja en Bolivia.
- Trabaja en un restaurante.
- Trabaja en la calle Churruca.
- Hablo inglés y un poco de francés.
- Estudia Filosofía.
- Vive en Bolivia.
- Vive en la calle Churruca.

7 a
- Tú eres sudamericana, ¿verdad?
○ Sí, soy colombiana.
- ¿De Bogotá?
○ No, de Medellín.
- Yo soy catalán, pero vivo en Madrid.
○ ¡Ah! ¿Y qué haces? ¿Estudias o trabajas?
- Trabajo en un hospital, soy médico.
○ Pues yo estudio Derecho.

10 a **DESCUBRE ESPAÑA Y AMÉRICA LATINA**
Emilio Gallego es periodista. Trabaja en un periódico de Salamanca. Vive en la calle Canales. Tiene teléfono fijo, móvil, fax, y su correo electrónico es **egallego@heraldo.es**.

b **POSIBLES FRASES:**
Pedro Fernández Ríos es arquitecto. Vive en la avenida Apoquindo, 162, en Santiago de Chile. Tiene teléfono, fax, y el correo electrónico es **pfernand@entelchile.net**.

Lección 4

1 Diálogo uno
- Buenos días. ¿Qué tal está, señor Pérez?
- Muy bien, gracias. ¿Y usted?
- Bien, también. Mire, le presento a la señora Gómez. El señor Pérez.
- Encantado.
- Mucho gusto.

Diálogo dos
- ¡Hola, Gloria! ¿Qué tal?
- Muy bien. Mira, este es Julio, un compañero de clase. Y esta, Cristina, una amiga.
- ¡Hola!
- ¡Hola!

2
1. ø
2. La
3. ø
4. el
5. la
6. el
7. ø
8. La

3 POSIBLES FRASES:
- ¿La señora Torres, por favor?
- Adiós, señor Montes.
- Buenos días, señor Sánchez.
- ¿La señorita Montero, por favor?
- Mire, le presento a la señora Álvarez. El señor Ortiz. / Mire, le presento a la señora Álvarez y al señor Ortiz.
- Buenas tardes, señor Barrera.
- Mire, le presento al señor Sagasta. La señora Hermosilla. / Mire, le presento al señor Sagasta y a la señora Hermosilla.
- Adiós, señorita Calvo.

4
a
1. tú
2. usted
3. tú
4. usted
5. usted
6. tú
7. tú
8. tú

b tú
- ¿Qué tal estás?
- ¿Eres estudiante?
- ¿Qué estudias?
- Eres holandés, ¿verdad?
- ¿Dónde trabajas?
- ¿Qué lenguas hablas?
- Vives en Bilbao, ¿no?
- ¿Eres el compañero de Blanca?

usted
- ¿Qué tal está?
- ¿Es estudiante?
- ¿Qué estudia?
- Es holandés, ¿verdad?
- ¿Dónde trabaja?
- ¿Qué lenguas habla?
- Vive en Bilbao, ¿no?
- ¿Es el compañero de Blanca?

5

6
a
1. Es italiano.
2. ¿Es profesor de Física?
3. ¿Vive en Argentina?
4. ¿Estudia Medicina?
5. Trabaja en un restaurante.
6. Habla chino y portugués.
7. ¿No tiene teléfono móvil?
8. No es la amiga de Marisa.

8 DESCUBRE ESPAÑA Y AMÉRICA LATINA
a
tenis: inglés
pizza: italiano
sushi: japonés
delicatessen: alemán
grafiti: italiano
espaguetis: italiano
yudo: japonés
soprano: italiano
chat: inglés
internet: inglés

b
1. tenis
2. grafiti
3. yudo
4. *sushi*
5. espaguetis
6. soprano

Lección 5

1

E	S	P	O	S	A	M	A
H	E	R	M	A	N	A	P
I	K	D	U	V	O	D	N
J	E	Ñ	J	T	U	R	I
A	B	U	E	L	A	E	E
D	I	X	R	P	T	B	T
Ñ	S	O	B	R	I	N	A
N	O	V	I	A	A	Y	V

2

4 **POSIBLES FRASES:**

1. Rodolfo es médico.
2. Es chileno.
3. Tiene treinta y ocho años.
4. Está casado.
5. Tiene cuatro hijos.
6. Es alto y moreno.

5
a
1. qué
2. Cuántos
3. Dónde
4. Quién
5. Cómo
6. Cuántos
7. qué

b
A-2
B-3
C-7
D-6
E-4
F-1
G-5

6
a
Singular: dependiente, azul, madre, japonés, joven, bar, francés, hospital.
Plural: trabajadores, marrones, delgados, calles, alemanas, restaurantes, hijos, altas.

b
Singular: dependiente, azul, trabajador, madre, marrón, japonés, delgado, calle, joven, alemana, restaurante, bar, hijo, francés, hospital, alta.
Plural: dependientes, azules, trabajadores, madres, marrones, japoneses, delgados, calles, jóvenes, alemanas, restaurantes, bares, hijos, franceses, hospitales, altas.

7
1. tiene
2. Están
3. son, tienen
4. viven
5. habla
6. Tenéis
7. Trabajan, están

8

S	P	O	S	O	S
E	Á	T	I	C	A
R	P	J	Ó	V	L
G	M			E	T
E	I	S	E	N	O
L	A	I	R	E	S

10
1. ¿Quién es este?
2. Un compañero de trabajo.
3. ¿Cuántos sobrinos tienes?
4. Uno de cuatro años.
5. ¿A qué se dedica tu hermano?
6. Trabaja en un restaurante.

Lección 6

1

2
• cinco mil seiscientos setenta y ocho
• ocho mil novecientos cincuenta
• siete mil ochocientos noventa
• cuatro mil quinientos sesenta y siete
• seis mil setecientos ochenta y nueve

4
a
1. ¿Cuál es la moneda de Colombia?
2. ¿Qué desea?
3. ¿Tienen mapas?
4. ¿Puedo ver ese verde?
5. ¿Cuánto cuesta este bolso?

b **POSIBLE SOLUCIÓN:**
A-5 B-1 C-3 D-2 E-4

5 **POSIBLES RESPUESTAS:**
Nombres de parentesco: padre, madre, tío/-a, sobrina, abuelo, nieto/-a.
Colores: negro/-a, blanco, roja, azul, gris.
Nacionalidades: belga, inglesa, sueca, rusa, suiza.

Países: Japón, Bélgica, Portugal, Brasil, Suiza, Suecia, Rusia, Corea.
Objetos: libro, cuaderno, lapicero/lápiz, sobre, postal, goma.
Adjetivos de descripción física: alto, bajo, gorda, guapo, rubio/-a, morena.

8 **DESCUBRE ESPAÑA Y AMÉRICA LATINA**
- ¿Tiene agendas?
○ Sí. Mire, aquí están. Tenemos todas estas.
- ¿Puedo ver esa negra?
○ ¿Esta?
- Sí, sí, esa. ¿Cuánto cuesta?
○ Trece euros con cuarenta céntimos.
- Vale. Me la llevo.

Lección 7

1 **a** Intrusos: playa, abuela, río, ingeniero, serio.

b París.

2 2. Soy de un pueblo que **es** muy famoso por sus fiestas.
3. ¿Quién **es** ese señor?
4. Mi pueblo **está** en la costa mediterránea, cerca de Valencia.
7. **Es** enfermera.

3 1. de
2. en
3. de
4. en
5. de
6. de
7. de
8. en, en
9. en
10. en, en

4 1. Madrid: 3 128 600
2. Barcelona: 1 605 602
3. Valencia: 805 304
4. Sevilla: 704 414
5. Zaragoza: 649 181
6. Málaga: 560 631

8 **DESCUBRE ESPAÑA Y AMÉRICA LATINA**
Ciudad: México D. F.
Número de habitantes: unos 20 millones.
Situación: está en el centro del país a 2309 m sobre el nivel del mar.
Origen: Tenochtitlán, capital del imperio azteca.
Lugar de interés: la plaza de la Constitución o del Zócalo; las ruinas de Tenochtitlán.

Lección 8

1

S	U	B	E	S	I	L	L	A	D
I	C	T	R	O	V	E	K	H	E
L	P	E	V	F	A	Z	U	C	I
L	A	R	M	A	R	I	O	Ñ	C
O	X	A	B	F	A	G	L	E	A
N	U	R	O	P	Y	B	U	L	M
E	S	T	A	N	T	E	R	I	A
Q	I	L	H	U	S	F	U	P	G
O	R	M	E	S	I	L	L	A	Y

2 Dormitorio: cama, silla, armario, mesilla.
Cocina: lavadora, cocina de gas, frigorífico, silla.
Baño: lavabo, ducha, bañera.
Salón: televisión, silla, estantería, sillón, sofá.

3 1. interior ≠ exterior
2. pequeña ≠ grande
3. nueva ≠ vieja
4. feo ≠ bonito
5. moderna ≠ antigua
6. ancha ≠ estrecha
7. barato ≠ caro
8. delgado ≠ gordo

Sobran: tranquila, inteligente, famosa, gracioso, trabajador, tímido.

4 "Mi piso **es** bastante grande. **Tiene** cuatro habitaciones, salón, cocina y baño. También **tiene** dos terrazas, pero muy pequeñas. **Es** bastante antiguo y muy bonito. Además, **da** a una plaza muy tranquila y **tiene** mucha luz. Lo malo es que **es** un cuarto piso y no **tiene** ascensor."

6 1. entre
2. izquierda
3. detrás
4. debajo
5. en
6. delante
7. encima
8. derecha
9. dentro
10. alrededor
11. sobre
12. enfrente

7 **a** 1. Verdadera 2. Verdadera 3. Falsa 4. Verdadera
5. Falsa 6. Falsa

b 3. La abuela está delante del abuelo.
5. El perro está encima del periódico.
6. La niña está a la izquierda del balón.

8 **POSIBLES SOLUCIONES:**
A
1. El niño está al lado del sillón.
2. El gato está a la izquierda de la mesa.
3. El teléfono está encima de la mesita.
4. El periódico está encima de la mesita.
5. La silla está detrás de la mesa.
B
1. El niño está al lado de la mesa.
2. El gato está a la derecha de la mesa.
3. El teléfono está en el suelo.
4. El periódico está debajo de la mesita.
5. La silla está delante de la mesa.

10 **DESCUBRE ESPAÑA Y AMÉRICA LATINA**
a 1. En una casa española viven **más** personas que en una casa de la Unión Europea.
2. En España hay **muchas** casas habitadas por una pareja que tiene hijos.
3. El porcentaje de parejas españolas sin hijos es más **bajo** que el de la Unión Europea.
4. El porcentaje de españoles que viven solos es **inferior** a la media europea.

b 1. En España (85,9 %).
2. En Alemania (54,4 %).

Lección 9

1

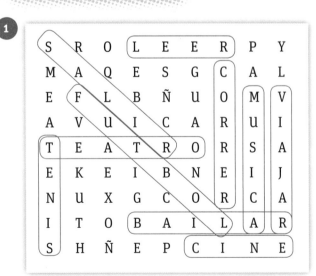

2 1. gusta; 2. gusta; 3. gustan; 4. gusta; 5. gusta; 6. gustan; 7. gustan; 8. gusta; 9. gustan; 10. gusta; 11. gusta

3 Marta: ¿Te gusta ver la televisión?
Óscar: Sí, ¿y a ti?
Marta: A mí no.

Marta: ¿Te gusta el tenis?
Rosa: No, ¿y a ti?
Marta: A mí tampoco.

Rosa: ¿Te gusta el cine?
Marta: Sí, ¿y a ti?
Rosa: A mí también.

Óscar: ¿Te gusta el *rock*?
Rosa: No, ¿y a ti?
Óscar: A mí sí.

Rosa: ¿Te gusta leer?
Óscar: No, ¿y a ti?
Rosa: A mí sí.

Óscar: ¿Te gusta el teatro?
Marta: No, ¿y a ti?
Óscar: A mí tampoco.

4 1. ¿Te gusta jugar al tenis?
2. No nos gusta nada esquiar.
3. ¿Os gusta la música pop?
4. A nosotros nos encantan los gatos.
5. A mí no me gusta nada el *rock*.
6. A mis padres les encanta bailar.
7. ¿Le gusta la música clásica?
8. A mi abuelo le gusta mucho la televisión.

Lección 10

1 biblioteca, cajero, parque, farmacia, colegio, tienda, iglesia, hospital, teatro, estación, aparcamiento, supermercado, parada, ayuntamiento.
Masculino: cajero, parque, colegio, hospital, teatro, aparcamiento, supermercado, ayuntamiento.
Femenino: biblioteca, farmacia, tienda, iglesia, estación, parada.

3 Mi barrio es un barrio bastante moderno que me **gusta** mucho. No es céntrico, **está** lejos del centro, pero **está** bien comunicado: **tiene** muchas paradas de autobús y varias estaciones de metro. **Es** bastante grande y **tiene** algunos edificios modernos muy originales que me **encantan**. Lo que más me gusta es que **tiene** bastantes zonas verdes y **es** bastante tranquilo. Lo que menos, que no **tiene** mucha oferta cultural ni tiendas de las que me gustan a mí. Mi sitio preferido **es** un parque que **está** cerca de mi casa y me encanta, por eso voy mucho allí con mis amigos.

6 1.53. Las dos menos siete minutos.
1.35. Las dos menos veinticinco.
5.13. Las cinco y trece minutos.
5.31. Las seis menos veintinueve minutos.
3.15. Las tres y cuarto.
3.51. Las cuatro menos nueve minutos.

7
a
1. Verdadero 4. Falso 5. Verdadero 6. Falso.

b
POSIBLES FRASES VERDADERAS:
4. Una hora tiene tres mil seiscientos segundos.
   Una hora tiene sesenta minutos.
   Un minuto tiene sesenta segundos.

6. El miércoles no es un día del fin de semana.
   El sábado es un día del fin de semana.
   El domingo es un día del fin de semana.

8
a
FEBRERO, OCTUBRE, AGOSTO, NOVIEMBRE, ABRIL, JULIO, ENERO, DICIEMBRE, JUNIO, MAYO, SEPTIEMBRE, MARZO.

b
1. enero
2. febrero
3. marzo
4. abril
5. mayo
6. junio
7. julio
8. agosto
9. septiembre
10. octubre
11. noviembre
12. diciembre

10
1. ¿Qué tiempo hace aquí en verano?
2. Hace mucho calor.
3. ¿Y hace mal tiempo en invierno?
4. Llueve mucho, pero no hace mucho frío. / Hace mucho frío, pero no llueve mucho.
5. ¿Nieva mucho?
6. No, nieva muy poco.

12
DESCUBRE ESPAÑA Y AMÉRICA LATINA
La Cabaña es un **restaurante** de cocina argentina. Está abierto todos los **días** de la semana. Por la noche abre a las nueve y **cierra** a las doce. Está muy **cerca** del Congreso de los Diputados. Si vas a ese restaurante, tienes dos horas de **aparcamiento** gratis.

Lección 11

1
1. comer	7. cenar
2. volver	8. acostarse
3. empezar	9. terminar
4. ir	10. trabajar
5. levantarse	11. salir
6. desayunar	12. ducharse

2
Regulares: comer, levantarse, desayunar, cenar, terminar, trabajar, ducharse. Irregulares: volver, empezar, ir, acostarse, salir.

3
1. ¿A qué hora **te** levantas?
2. ¿Desayunas **en** casa?
3. ¿Trabajas cerca **de** casa?
4. ¿A qué hora empiezas **a** trabajar?
5. ¿Trabajas **por** la tarde?
6. ¿**Te** acuestas muy tarde?
7. ¿A qué hora terminas **de** trabajar?
8. ¿A qué hora **te** duchas?

4
POSIBLE TEXTO:
Elisa es enfermera, **trabaja** en un hospital. **Se** levanta a las siete menos cuarto y empieza **a** trabajar a las ocho. Todos los días **come** a la una y media en el restaurante del hospital con algunos compañeros de trabajo. **Termina** de trabajar a las cinco en punto y después **va** a clase de inglés. Luego, **vuelve** a casa y **cena** con su familia. Normalmente se **acuesta** bastante pronto, sobre las once.

5
POSIBLES PREGUNTAS:
Tú: ¿A qué te dedicas?
Elisa: Trabajo en un hospital, soy enfermera.
Tú: ¿A qué hora te levantas?
Elisa: A las siete menos cuarto de la mañana.
Tú: ¿A qué hora empiezas a trabajar?
Elisa: A las ocho de la mañana.
Tú: ¿Dónde comes?
Elisa: En el restaurante del hospital.
Tú: ¿A qué hora terminas de trabajar?
Elisa: A las cinco de la tarde.
Tú: ¿Y qué haces después/luego?
Elisa: Voy a clase de inglés.
Tú: ¿Dónde cenas?
Elisa: En casa.
Tú: ¿Te acuestas (muy) tarde?
Elisa: No, sobre las once de la noche.

7
1. ¿Comes en casa?
2. No, en el restaurante de mi trabajo.
3. ¿Trabajas por la tarde?
4. Sí, hasta las cinco y cuarto.
5. ¿Te acuestas muy tarde?
6. Los fines de semana sí.

9
a
DESCUBRE ESPAÑA Y AMÉRICA LATINA
1. De ocho a nueve de la mañana.
2. Una media hora. / Unos treinta minutos.
3. Un 28 % trabaja fuera de su ciudad.

Lección 12

1 1. hacer la compra 2. hacer gimnasia 3. hacer deporte 4. escuchar la radio 5. jugar al tenis 6. jugar al fútbol 7. ver la televisión 8. comer fuera 9. ir al campo 10. ir al cine 11. ir de compras 12. ir de copas.

2 Actividades de tiempo libre: pasear, esquiar, ver exposiciones, ir a conciertos, ir al teatro.
Días de la semana: viernes, miércoles, lunes, domingo, jueves.
Cosas que hacemos todos los días: desayunar, cenar, acostarse, levantarse, comer.
Adverbios de frecuencia: normalmente, a menudo, a veces, siempre, nunca.

3
a "Pues el domingo es un día muy tranquilo. Normalmente nos levantamos bastante tarde. Después salimos a comprar el periódico y nos damos una vuelta o vamos a ver alguna **exposición**. Siempre **tomamos** el vermú fuera y luego comemos en algún **restaurante** o con nuestras familias. Por la tarde siempre nos quedamos en casa y escuchamos **música** o vemos algún DVD o alguna **película** en la televisión. A veces vienen algunos amigos nuestros a pasar la tarde con nosotros, pero no **salimos** nunca, no nos gusta nada el ambiente de los domingos por la tarde."

b beber: tomar
pasear: darse una vuelta
aperitivo: vermú

4 **POSIBLES SOLUCIONES:**
1. Se levantan bastante tarde.
2. Salen a comprar el periódico.
3. Se dan una vuelta o van a ver alguna exposición.
4. Toman el vermú fuera.
5. Comen en algún restaurante o con sus familias.
6. Por la tarde se quedan en casa.
7. Por la tarde escuchan música o ven algún DVD o alguna película en la televisión.

5 1. Tú vas **a** muchos conciertos, ¿verdad?
2. ¿Qué haces los sábados **por** la tarde?
3. ¿A qué hora vuelves **a** casa normalmente?
4. Tú te quedas **en** Madrid muchos fines de semana, ¿no?
5. Mi hermana pequeña va mucho **a** bailar.
6. Normalmente salgo **de** casa bastante pronto.
7. ¡Mi marido se levanta a las seis **de** la mañana todos los días!

6 1. ¿Os acostáis muy tarde los domingos?
2. Los sábados nos levantamos bastante tarde.
3. ¿Veis mucho la televisión?
4. ¿Os gusta montar en bicicleta?
5. ¿Cuándo hacéis la compra?
6. Mis padres se levantan bastante pronto.
7. ¿Trabajan los fines de semana?
8. Ana y Pepe hacen mucho deporte los fines de semana.
9. ¿Les gusta esquiar?
10. ¿Salís mucho?

9
b **DESCUBRE ESPAÑA Y AMÉRICA LATINA**
Actividad más practicada: ver la televisión.
Actividad más deseada: viajar, hacer excursiones.

Lección 13

1 **POSIBLES SOLUCIONES:**
Profesiones: camarero, taxista, maestro/-a, médico/-a, dentista, músico.
Medios de transporte: tren, avión, metro, tranvía, moto.

3
a

NOMBRE	PROFESIÓN	LUGAR DE TRABAJO	MEDIO DE TRANSPORTE
Begoña	peluquera	peluquería	metro
Elena	maestra	escuela	autobús
Lola	azafata	avión	coche

4 **POSIBLES SOLUCIONES:**
1. Va a clase de inglés dos días a la semana (o por semana).
2. Visita a su familia todos los sábados (o cada sábado).
3. Hace gimnasia dos veces al día.
4. Hace los deberes cinco días a la semana (o por semana).
5. Cambia de trabajo cada cuatro años.
6. Va al cine dos días a la semana (o por semana).
7. Coge vacaciones una vez al año.
8. Hace la compra todos los viernes (o cada viernes).

5 1. Juana es maestra.
2. Ángela es dependienta.
3. Nuria es escritora.

6
1. ¿Cómo vienes a la universidad?
2. En coche, con unos amigos.
3. ¿Qué es lo que más te gusta de la clase?
4. Que hacemos muchas cosas diferentes.
5. ¿Y lo que menos?
6. Escuchar grabaciones.

Lección 14

1
a
1. cantar
2. esquiar
3. nadar
4. baloncesto
5. cartas
6. conducir
7. guitarra
8. cocinar
9. piano
10. pintar

2
1-E
2-C
3-B
4-G
5-H
6-A
7-D
8-F

3
1. conozco
2. sabe
3. conoces
4. conoces, conozco
5. Sabes, sé
6. Conoce
7. sabes
8. conocéis

4
1. divertido
2. necesario
3. importante
4. fácil
5. interesante
6. bueno
7. malo
8. útil
9. aburrido
10. difícil

5
a
1. Yo dibujo regular, **ni** bien ni mal.
2. Yo creo **que** hacer gimnasia es muy aburrido.
4. Conocer otras culturas es interesante.
5. Yo juego bastante **bien** al fútbol.
6. Aprender **a** tocar el piano es muy difícil.
7. Hablar idiomas es muy útil **para** encontrar trabajo.
8. **No** muy bien; así, así.

7
d
DESCUBRE ESPAÑA Y AMÉRICA LATINA
1. Un clavel es una flor.
2. El barrio de Triana está en Sevilla.

Lección opcional

1
b
A- 2 B- 3 C- 4 D- 8
Salir: ir a tomar algo, quedar (con alguien), nadar, dar una vuelta, ir al gimnasio.
Estar en casa: enviar un correo electrónico, quedarse en casa, ver un DVD.

2
a
Presente: termináis, se acuestan, estoy, vamos, escribe, vuelvo, viene.
Pretérito indefinido: se levantó, vimos, fuiste, telefoneó, hice, quedaste, abrieron.

b
• termináis - terminasteis
• se acuestan - se acostaron
• estoy - estuve
• vamos - fuimos
• escribe - escribió
• vuelvo - volví
• viene - vino

3
a
○ fui, Volví, vi, me acosté
• quedé, tomamos, volvimos

4
a
1. ¿Fuiste a clase ayer?
2. ¿Comiste fuera?
3. ¿Hiciste deporte?
4. ¿Estuviste con tus amigos por la tarde?
5. ¿Te quedaste en casa por la tarde?
6. ¿Viste una película?
7. ¿Te acostaste tarde?

b
A-6
B-2
C-1
D-3
E-7
F-4
G-5

5 DESCUBRE ESPAÑA Y AMÉRICA LATINA

a B-1
C-2
A-3

c **POSIBLES SOLUCIONES:**
Texto 1: Serví muchas bebidas.
Texto 2: Estamos en época de rebajas. Vendimos
mucho.
Texto 3: Preparé unos textos y un examen para
hoy.

6
b
- Ayer por la tarde, Rosa y su amiga estuvieron/
se quedaron en casa (de la amiga) y vieron una
película en la televisión.
- Gloria y su amigo fueron a dar una vuelta.
Estuvieron en el parque del Oeste, tomaron algo
y volvieron a casa un poco tarde.